JN439613

사랑이라 말하기에는

국립중앙도서관 출판시도서목록(CIP)

사랑이라 말하기에는 : 정가일 시집 / 지은이: 정가일. --
대전 : 지혜, 2014
p. ; cm. -- (지혜사랑 ; 101)

ISBN 978-89-97386-85-7 03810 : ₩9000

한국 현대시[韓國 現代詩]

811.7-KDC5
895.715-DDC21 CIP2014003077

지혜사랑 101

사랑이라 말하기에는

정가일

지혜

시인의 말

내 시는 쉽고 아름답기를 바랐다. 그러나 나의 시는 쉬운 길보다는 어려운 길을 택했고, 아름다움보다는 못나고 아픈 곳을 찾아다녔다.

내 시를 읽는 모든 이에게 어려운 길에서 희망을 보기를 바란다. 못나고 아픈 나의 시에서 위안이 되기를 바란다.

2014년 봄을 기다리며
정가일

차례

2부

3부

• 일러두기
한 연이 첫 번째 행에서 시작될 때는 > 로 표시합니다.

1부

새로 쓰는 새 이야기

나뭇가지 사이로 새 한 마리 날아간다
언젠가 쥐덫 위에서 하늘로 간 새다
미처 삼키지 못한 날파리를 입에 물고서
하늘로 간 새는
아직도 하늘에 걸려있다
하늘은 쥐덫이다
파랗게 질린 새가
날개를 힘껏 펴고 있는
하늘,

그곳에서 새는 시리도록 맑은 동족의 눈알을, 귀를, 발가락을 조금 파먹고 자신의 영혼을 조금 파먹히면서

저기 저…!
무섭도록 깊은 우물 속에
걸려있다

눈썹과 이마 사이

소인국의 왕이 된 아버지는 눈썹과 이마 사이로 들어갔다. 그때 약간의 불빛은 순간의 어둠이었고,

그것은 덫이었다. 오도독 오도독 씹어 먹는 덫에 걸린 새의 하얀 다리였고, 돌같이 딱딱한 머리였다. 소인국의 왕은 매일 덫을 켜 들고 눈썹과 이마 사이로 들어갔다.

까맣게 그을린 아버지의 눈썹과 이마 사이에서 밤마다 덫이 만들어졌다. 소인국의 의식은 덫으로만 행해졌다.

하얀 다리에 대하여
딱딱한 머리에 대하여

소인국의 아이들은 흩어진 날개를 모았다. 눈썹과 이마 사이에 또 다른 덫이 놓이기 시작했다.

나팔꽃

나팔꽃줄기가 사나흘 밤을
꼿꼿하게 몸을 비틀어 세우고는 뱀 대가리마냥 들여다보고 있었다
오랜만이다
잊고 있던, 잊었다고 생각했던 넝쿨손이
제 몸을 일으켜 세우느라 쏜살같이 달려들어 물먹은 살을 공격한다

이때 내가 머리를 조아리고
무릎에 시퍼런 굳은살이 박이도록 두 손을 합장하는 것은
저 나팔꽃 때문만은 아니다
울타리가 환하게 보라색 꽃을 피우면
개미떼가 줄지어 그 속을 들락거리던 기억 때문도 아니다
교회의 불빛 때문에 푸른 줄기는 커지거나 작아지거나 했다

창밖으로 혀를 쭉 빼물고 어둠을 긁어봤다
따끔따끔한 붉은 벽돌의 길
저것,

잠시
숨 돌리고
아,

나팔꽃
뱀 대가리마냥 고개를 드는,

뭘 먹겠다고

참새 몇 마리가 이리저리 뛰어다니다가 마당 한 귀퉁이를 콕콕, 찍어보다가 채송화 빨간 꽃잎을 말끄러미 바라보다가 고개를 까닥이다가 후루룩 날아올랐다가

두려운 눈으로 꽃밭을 내려다보다가
저것도 먹는 것인가

저희들끼리 무어라고 한참을 지껄이다가 파란 벽돌에 꽃 그림이 있는 어린이집 지붕 위로 날아가 버린다

어…!

번쩍 들려지는
나의 우주,

사랑의 조건

단풍나무 두 그루를 심고 오랜 시간이 흐른 뒤에 찾아간 공터 한 귀퉁이에
서로의 몸을 파고든 단풍나무 한 그루가 몸 바깥으로 앙상한 손 하나를 내밀고 있다 죽은 예수가 못에 찔린 손의 상처를 막달라 마리아를 위해 내보이듯이 내밀고 있다
내가 다가가 손의 상처에 귀를 기울이자 나무의 손은 꿈인 듯 생시인 듯 손을 거두어 자신의 옆구리에 상처를 내기 시작했다

아, 저렇게 저들은 하나가 되었구나,

서로의 손에 대못을 박아 천천히 녹슬게 하였을 것이고
옆구리에 창을 찔러 하얀 피가 흐르게 하였을 것이다
그들이 서로의 몸에 상처를 내어 자신의 존재를 확인했듯이
나는 누구를 위해 상처를 내고 있나
그것도 덫이려니,
서로의 상처를 파고들어 간 저 아픈 동행을
사랑이라 말하지 마라,

오래된 기억

박재가 된 너는
금방이라도 날아갈 듯이 날개를 편다
길을 찾아 이야기 속으로 들어갈 때
어찌 두려움이 없었겠냐만
사계의 골짜기엔 아직 붉은 햇살이 남아있다

불끈, 불끈 솟아오르는 기억
아서라, 세상 밖으로 힘을 뻗치는 너야
잎맥이 꺾이고 잎살이 떨어져 나가면
볼성 사나운 몰골이 될 것이니
젊은 날의 부끄러운 손도
너의 것이니

사람의 발아래 떨어진 마른 이야기 속에서 너의 어미는
다시 잔설의 수분을 먹고 너를 키울 것이다

그때가 되면
쬐끄만 손으로 불쑥 머리를 드는 빛이 있을 것이니
돌부리를 건너 바람이 부는 쪽으로 몸이 열리는
네 어린 날이 거기에 있을 것이니
사람의 골짜기에도
다시 쓰는 새로운 이야기가 되지 않겠니

>

촉촉하고 빛나는 그러한 이야기,

흰빛 제비꽃

자줏빛 꽃만 있는 줄 알았다
가는 다리로 땅에 발을 묻고
날아오를 듯이 날개를 펴고 있는
자줏빛 마음만 있는 줄 알았다
무심으로 가는 길
하얀 마음으로 앉아 있는
한 무리의 꽃
미사의 날에
죽은 네 어깨 위에 피었던
누대의 빛깔

너를 위해
죽은 너를 위해서
촛농처럼 흘러내려
점점이 나를 이끄는
꽃이었던
파란물이 고이던

미사포,

오랜 꿈틀, 망설이다가

굼벵이가 썩은 굴참나무에 들었다

그것이 여름 한 철을 위한 것이라고는 하지만 굼벵이는 느리고 징그럽다
마디가 굵고 물컹거리고 썩은 굴참나무 속에서 몸을 움직일 적마다 굴참나무 부스러기가 마른 땅으로 떨어져 쌓인다

물컹거림으로 굴참나무를 부수어 작은 동산을 만들 때까지 그 길을 따라 기어오를 때까지 날개가 돋을 때까지 역설을 동반한 푸른 하늘,

구부러진 것들이, 굴참나무 썩은 부스러기들이 서러웠을까

오랜 꿈틀, 망설이다가 어느새 푸르르 날아올라 굴참나무 숲으로 날아간다
저기서는 또 얼마나 많은 굼벵이들이 생굴참나무에 들어 까마득한 날개를 비벼댈까

그곳에서는 무슨 일이 있었을까

그를 나무의 왕이라 불렀다. 어른들은 뱀의 우리 안에서 아이들을 키웠고, 거머리가 아이들의 아랫도리를 물고 늘어졌다. 소인국의 왕은 그것을 나무에 매달고 예를 표했다.

태풍이 나무의 왕을 찾아온 날이었다. 우리 안에 있던 아이들이 사라졌고, 덫의 소행이라 했다. 나무의 왕이 마을을 지킨 지 육백 년이 된 날이었다. 어린 것들은 밤에만 나무의 왕을 찾아와 우엉우엉 우는 소리를 확인하곤 했다.

얼음의 계절은 그렇게 지나갔다. 아랫도리를 물고 늘어지던 거머리도, 예를 표하던 소인국의 왕도, 나무의 왕을 찾아와 사라진 아이들의 행방을 걸어놓고 갔다.

모든 것은 덫의 소행이었다.

부리

부리가 힘인 새는
부리로 집을 짓고 사랑을 위해 부리로 구멍을 판다
부리로 판 구멍 속에서
새끼들은 싸움하는 법을 배우고
배설의 장소와 먹이의 방법을
부리를 통해서 배운다
그들의 부리는 단단하다
높은 절벽을 밤처럼 찍으며 오르다가
어느 순간에
아래로 부리를 겨누는 것도 그들이다

아침이면 어김없이
부리들이 먹이를 찾아 나선다
소란함을 동반한 벽들이
내게로 몰려오면
부리가 없는 나는 무엇이 되는 걸까
비둘기가 동족의 눈을
부리로 파먹는 영상을 본 적이 있다
그들의 눈에는
내가 어떤 모습으로 비칠까

너의 한 구절 같아서

팔딱 뛰어오를 것 같은
함성거리는 소리
주문처럼,
반백의 머리가 쭈뼛 솟아오를 것 같이
불현듯 스치고 지나가는
저것,

분명 너의 한 구절 같아 손을 번쩍 들어 잡으려 했다
손가락 사이로 주르륵, 흘러내리는
꽃,
꽃들,

정구지

한 줌의 터를 만들기 위해
얼마나 많은 먼지를 까마득한 꼭대기에 쌓았을까
저보다 뜨거운 곳은 없을 것이다
치열하게, 마지막 죽음처럼 깊고 고요한 꼭대기에
피우고 있는
삶이라는 것이
피운,

불볕보다 뜨거운
것들,

이빨의 독성

아기들도 서로 무는 모양이다
생명 있는 것들의 이빨에 모두 독이 있듯이
나의 이빨에는
얼마나 치명적인 독이 있을까

동산을 오르기 위해
풀의 옆구리에
박았을 독,
풀이란 풀이
노란 독을 품고 서 있는
그때,

불린 자국이
자꾸 성이 나서
아기 고추처럼 부풀어 오른다
아가, 쉬—이 할까
나는 자꾸 아기에게 쉬— 하자고
온갖 수사를 늘어놓았고
아기는 자꾸
날갯짓을 해댔다

사랑이라 말하기에는

태풍이 몰려올 것이라는 소식에도 애벌레는
사과나무 잎을 갉아 먹는다
무서운 속도로 갉아 먹는다

잎 하나 사라질 적마다
완벽한 공양이다
마지막 남은 잎 사라지자 나를 향해 내리치는
죽비소리,

깜짝 놀라 하늘을 보니
우두둑 비,
저걸 어쩌나

—보셔요. 애기 사과나무에 애벌레가 있어요. 모두가 외면하는 징그러운 애벌레가 있어요. 날마다 아파하는 애기 사과나무 품에서 애벌레는 나비가 될 꿈을 꾸어요.

떼어내 주랴?
묻는,
어느 방랑자의 손을 밀쳐내고
하늘을 향해 꼿꼿하게 몸을 세우고 있는 애벌레의 꿈이
떨어질까 봐

떨어질까 봐,
자꾸 몸을 구부리는
애기 사과나무,

누가 문을 두드리기에

누가 문을 두드리기에 나가 보았더니 아직은 살아 퍼덕이는 새 한 마리, 주둥이에 빨건 피를 가득 물고서,
아,
단초의 두려움,
자줏빛 르네브 사이로 검은 구름이 쏟아져 내린다

커피 물이 목구멍으로 넘어갈 적마다 담장 너머에서 들려오는 어린 것들의 구구단 외우는 소리, 빛나는 것들은 모두가 슬픈 눈을 가지고 있다
저것들이 저렇게 무어라고 지껄이며 담장 위에 줄지어 있는데 그들의 말을 알아듣지 못하는 것은 어둠 속의 나,

늙은 어머니는 더 이상 온전한 정신을 붙들지 못한다 부러진 대퇴골 갈아치우듯이 정신을 갈아치우고 어디 허허로운 욕망의 들판을 내달리고 있을까
오, 슬프다고 말하지 말기를,

누가 문을 두드리기에 나가 보았더니 아직은 살아 퍼덕이는 새 한 마리,

바늘의 역사

다듬지 않은 말이 내달리자
날개의 형상을 한 산이 굉음을 내며 하얗게 부서져 내린다

혀의 밥
혀의 굴종
뿌리까지 장악한 바늘은
능선에서 골짜기까지 파헤쳤다
붉은 황토물이
산허리를 타고 흘렀고
다친 날개들이
발가락을 동그랗게 말아
허공을 찍어댔다

그것은 바늘의 집이 맞았다
머뭇거릴 새 없이 굴러 떨어지며
굉음을 받아내며
부서져 내린 산의 옆구리에 위태한 집을 짓는
새, 새들
푸른 옷을 입은 사람들이 거기에 있다

뒷다리의 힘

나는 악어 한 마리를 키우고 있다
커다란 입을 벌리고
가늘한 눈을 뜨고는 나를 노려보는 놈이다
나도 눈에 힘을 주고는 싸움이라도 해볼라치면
그놈 이빨이 눈 깜짝할 사이에
나를 낚아채서는
잘근잘근 뼈까지 씹어 삼키는 놈이다

그놈의 발아귀에서 빠져나올 작은 이빨도 내게는
가지고 있지 않았으니까

이제는 죽었다 싶을 때
나를 잡아먹겠다고, 내 우물 속에서
그놈이 눈물까지 흘리려는 찰나에
용기를 내어 그놈의 목젖을 툭툭 쳐 보았더니
아, 글쎄 그놈이
나를 잡아먹고 있었다는 것을 까맣게 잊고는
입 밖으로 나를 토해내고 말았다

펄쩍, 뛰어오를 자세로
개구리 뒷다리가 팽팽해졌다

박장박장 겨울나기

지루하게 겨울비가 내린다

길바닥은 파여 구덩이가 생겼고, 그것이 무서운 사람들은 달아나고 싶고, 구르며 튀어 오르던 물방울은 허둥대고,

지루하게 내리는 비가 지루한 나는 헛배처럼 게으름이 차오르고, 그것이 무서운 나는 지루함을 견디느라 자꾸 시에다 딴죽을 건다

딴죽을 거는 것이 더러운 겨울은 저만치 푸른 잎을 살짝 건드리고 싶고, 그것이 부러운 담장 위의 고양이는 시린 눈에게 발톱을 세운다

그것을 보고 박장박장하는 것이,

누굴까, 누굴까,

* 박장拍掌 : 손뼉을 크게 치는 것.

2부

현기증

잠시 멈춘 울음소리가 더 무서운 것처럼
머리와 엉덩이, 발꿈치까지 계단을 딛고 떨어진다
두려움을 모르는 날짐승이 잠시 앉았다 가겠지만
계단 사이사이가 짐승의 깃털로 채워져 있다

저것은 다투어 오르던
서러운 꿈의 조각들
시퍼런 각을 세우고
서 있는
것들,

선 하나를 수직으로 그리며 떨어지는
꽃새,
꽃새였어,

모과의 변

우울증이 잠시도 곁에서 떠나지 않는다는 그녀가 오늘은
깔깔깔 웃고 있다

모과 꽃 핀다. 하얗게, 하얗게 핀다

파랑으로
파랑으로
벌레 먹은 슬픔 쪽으로
오래 내달리는
웃음,

— 나 미쳤나 봐 자꾸 웃음이 나와,

그녀의 辯이
목구멍을 타고 천천히 넘어가려는
찰나,
새소리가 들렸던가
불쑥 튀어나온
정제되지 않은 슬픔,

— 나 미쳤나 봐 자꾸 웃음이 나와,

차갑게, 빛나게

짧은 동안
너도 꽃
새의 발자국을 좇다
모두 죽여주겠노라
날 선 꽃대를 세운다
캄캄한 새벽을 긋고
붉은 해가 산 위로 불쑥 손을 내밀면
서러운 빛남으로 떨어져 내리는
너, 서리꽃이 있어

어둠에서나
잠깐 피었다 지는
네가 있어

恐塞

익명의 바퀴에 치인 새는
뼈마디가 다 보이게 살이 떨어져 나갔다
살이 없다는 건
그들에겐 허기진 자유다
—보셨나요
드러난 뼈를
덫이 된 뱃가죽이
꽉, 움켜쥐고 있는 것을,

스프링처럼 돌돌 말린 붕대를 풀고서야
자유를 찾은 새는
또다시 날아오를 준비를 한다
한 덩이 살에 대하여
허기에 대하여
무서운 포즈를 취하면서
덫은 쉽게 새의 손을 놓아주지 않았다

어떻게 되었을까
그때 그 새는,

시험에 통과하지 못한 날

시험에 통과하지 못한 날
하늘빛은 허공을 타고 내려와 담장 아래 시뻘건 그늘을 만들어 놓았다
먹이를 탐하는 고양이만 햇볕 아래 졸고 있다
깜깜한 동굴을 통과하지 않고는 날개가 돋을 수 없다는 것을
저 고양이는 알고 있는 것이다
감은 것 같이
날카로운 눈을 뜨고서 노려보는
저 눈,

사이로,

벌써 빨강으로 물든
나,
그리고
절망,

NON PASS,

능소 담장을 꽉 움켜쥐고서

측백나무 대퇴골 부러진 날
능소 줄기가 담장을 타고 오르는 것 보았다
꽃분이 눈을 멀게 한다는
저 꽃,

멀리서 보면 영락없이
노란 똥꽃이다
홀로는 설 수 없는 아귀의 힘이
천 길 낭떠러지에 매달린 것 같이 꽉, 움켜쥐었다

—분주했던 흙빛 하늘에 깃을 접고
하느작 하느작 어디로 가시나요

바람이라도 부는 것처럼 하얀 병원침대는 흔들리고
누구의 울음인지도 모르고 능소는, 능소 아래 소경이 된 담장은
우우우 소리를 낸다

그렇게, 그렇게
서로의 몸을 꽉 움켜쥐고서
능소와 담장은
노란 공양을 쌓는 중이다

작두산

너무 막막해지면
발바닥이 잘리고 손가락이 잘리며 올라야 하는 산
높이 올라갈수록 더 깊게 잘리고
능선을 따라 이어지는
칼날인 산,

그곳에서 잘린 것들이 데굴데굴 굴러
시퍼런 물이 되고
구르던 것들이 가끔은
날아오를 듯이 능선에 발 딛고 내려다보기도 한다

작두는 능선으로 말한다
능선에 오르기 위해 팔을 내어준 사내가
힘겹게 능선을 타고 있다
새의 날개 밑에
이빨자국 선명한 찬밥이 놓여있다

새는 또 무엇이 잘릴까
나는 무엇을 잘라 여기에 놓고 능선을 탈까
포로롱, 날아올랐다가는
다시 내려와 먹이를 먹는
새의 무리들,

능선 위에 세워진 팔각정에선
작두를 탄 사람들이 다 보인다

애벌레 날아다니다

새도 아니고
독수리는 더욱 아닌
나비가 되고 싶다고 했다
풀꽃도 피지 않은 산기슭에
무늬도 없는 나비 한 마리 날아다닌다
몰라? 나 몰라?
달의 주름!

들판을,
강을,
바다를,

깜깜한 고치로 몸 구부리고 있던 날개가
뱀 허물처럼 벗겨져 나온다
잠시 가벼워지는
물컹한 우주
알아? 나 알아?
잔뜩 찡그린 애벌레 하나가
자신의 날개를 펼쳐든다

춤추는 장마

차도로 뛰쳐나온 저것을 보면 알겠다
땅 가장자리에 동글동글한 똥을 누는, 밟으면
꿈틀한다는 저것이
숨 쉬러 밖에 나왔다 봉변이다
저, 길게 불어터진
불쑥 솟아오른 무게가
선명하게 출발선을 그려놓았다
이런 날 목숨까지 걸 필요는 없겠지만
흙탕 속에서
춤을 추는 것같이 흔들리는
번뇌,
번뇌는 천둥을 몰고 와 알아듣지 못할 말씀만
피뢰침에 꽂아놓고 간다
내일은 또 불볕더위가 시작될 것이다
움푹 파인 구덩이엔 온갖 생명이 잠시 머물다가
주검이 되거나 날개를 파닥거렸다

애기똥풀이 피어있는 산책로 풍경

꽃도 풀도
시멘트 틈새에나 자리 잡는
여기는 메마른 도시의 복판이다
메마른 이곳에도
말끔하게 정리된 산책로가 생겼다
어떤 이는 좋아라 했고
어떤 이는 돈 낭비라고 비아냥거렸다
그래도 비비추도 심고
밟으면 말랑말랑한 길도 만들었다
사람들이 산책로에 나오기 시작했다
입에는 마스크를 쓰고
눈에는 보안경을 끼고 나왔다
아무리 보아도 얼굴이 없다
챙 넓은 모자를 눌러쓰고
방독 마스크를 쓴
외계의 눈이
꿈뻑, 당신은 어느 별에서 오셨습니까
경계하는 두려운 눈
그때서야 나도
똑같은 외계의 모습이라는 것을 알았다
여기는 외계의 나라다
인공으로 만든 흙을 밟고

인공으로 놓은 돌다리를 뛰거나 걷는다
가끔 금지된 구역에서
푸른 물고기를 잡거나
지난 겨울 급하게 조성한 산책로에
나무를 심기도 하지만
지구라는 별에서
황사와 방사능을 피해 여기까지 온 우리는
아무리 걸어도 배가 고프다

수리부엉이 닭장에 들어온 날

야생의 수리부엉이가
닭장에 들어온 날
사천 마리 닭들이 제집에서 압사당해 죽었다
사육당한다는 것은 그런 것이다
부리가 깎이고
목이 비틀리고
축제의 첫날처럼
제 무게에 압사당해 죽는 것이다

나는 무엇에 사육당하고 있나
내 몸 어디에 압사당해 죽을 것인가
볏을 숭배하던
부피만 머리에 압사당할까
채우지 못한 위액의
끈적거림에 압사당할까
날 밝은 날
수리부엉이가 발가락 사이로 들어왔다
몸의 관절이…!

아, 나는
여기서 압사당할 수 없다

소묘

날아오를 준비를 하는 새는
더러운 진창과 드문드문 햇빛이 비치는 굴참나무 사이로 뛰어갈 모양이다
하얀 손을 들고 모르는 척 달아날 모양이다
죽은 자작나무 뿌리가
발목을 잡는다

그것도 덫이려니,
성자처럼 나무지팡이를 짚고서 깃털 사이로 들어가는 것은
떨어질 때를 준비하는
치밀함이다

산등성 물웅덩이에 내려앉은
검푸른 하늘,
이것은 올챙이 알
이것은 소금쟁이
한 무리의 새가 깎아지른 벼랑 위로 날아오른다

무심의 발원지

잘못들은 외진 산길에서
잘린 새의 모가지를 본 적이 있으신지
동족의 창자를
동그랗게 눈을 뜨고 바라보고 있는
잘린 새의 모가지와
핏덩이와 뒤엉켜 있는 깃털들
돌무더기 사이로 올라가자
무심의 발원지다

아, 외진 곳에 있는
핏덩이의 희망,
뒤엉켜 있는 절망,
그리고 육신에서 일탈한 내가
동그랗게 눈을 뜨고
뒤엉켜 깃털이 되는,

꽃의 비애

너, 매 발톱 꽃,
발톱 아래로 민달팽이가 느리게 기어간다
꽃의 비애는 거기서 시작된다

단단한 생계를 민달팽이는 기어가고
그것을 쫓는 것은 꽃의 발톱이다
부리도 없는 그것이
날개도 없는 그것이
민달팽이의 느린 덫에 걸렸다

놀란 발톱 사이로
끈적끈적한 길이 만들어졌다
그 길을 따라가는
활자, 활자인
어머니,
아버지들

꽃이 발톱인 그들은
느림의 골목에 걸린 활자가 되고
먹이의 덫에 걸린 어머니와 아버지가 된다
날개도 없는 활자가
부리도 없는 어머니와 아버지가

무늬만 발톱을 세운다

발톱을 가지고 있는 꽃은 다 무늬가 있다

오늘처럼 눈이 오는 날은

오늘처럼 눈이 오는 날은, 별처럼 고요를 동반하고 눈이 오는 날은, 너와 마주 앉아 매운 무 토막을 먹다가 볼까지 빨개지던 오늘 같은 날은,

광주리 가득 매콤하고 쌉쌀한 시절의 맛이 성큼 내게로 다가오는 오늘 같은 날은,

젊은 아버지가 경쾌하게 마당 쓰는 소리 들리고, 통통통, 튀어 오르던 어린 것들의 발걸음 소리가 들릴 것 같은 오늘같이 눈이 오는 날은,

눈이 붉어지도록 울어보고 싶고, 목이 터지라 소리치고 싶고, 허리가 끊어지라 웃어보고 싶은 오늘 같은 날은,

시를 쓰다가, 자꾸 시를 쓰고 싶다가, 오늘처럼 내일을 바라보다가, 내가 쓰고 있는 시가 너를 슬프게 할 것 같아 두렵기도 하다가,

…!

오늘처럼 자꾸 눈이 오는 날은,

새 한 마리 눈처럼 내려 먹이를 찾는 오늘 같은 날은.

그럼에도 나는

그럼에도 나는
예수가 죄인을 위해 십자기에 못 박혀 죽은 것에 대하여 생각하는 것인데
방향 잃은 거친 내 숨의 대가는
오늘도 거리로 내몰리는 사람들을 생각하는 것인데
그들이 흘린 피의 대가를
그럼에도 나는
생각하는 것인데,

저 불빛에서 빠져나온 나는,

타성에 젖은 날에 대하여 후회하면서
그럼에도 나는
내가 걸어온 길에서 미래를 가늠해보는 것인데
멀고 먼 길을 가야 할 것처럼
조금은 두렵고, 조금은 무서운 생각을 하면서
그럼에도 나는
종탑 위에 거꾸로 서서
붉은빛을 뚝뚝 흘리고 있는
고단한 성자를 본다

연두

요, 이쁜 것들 좀 보게,
농약 먹고 죽은 언니도 잊고, 외롭게 늙어서 죽은 어머니도 잊고, 죽기 전에 꼭 한번 약물내기 물을 먹고 싶다던 오라비도 잊고
불쑥 솟아오른,
요 이쁜 것들 때문에
여름이 가고 겨울이 간다

지극히 평범한 눈이 겨울을 밀친다
겨울을 밀치고
이쁜 모양으로 불쑥 솟아오른 저것들 때문에
죄 많은 봄을,
연두로 살짝 솟아올라도 좋겠다

이 봄엔,

잡초

잡초를 뽑다가
그것들도 동글동글하게 생각하고 있다는 것을 알았다
무더위 속에서
그것들이 피운 꽃들과
그것들이 살아야 할 하루의 삶을
무자비하게 뽑다가

훅, 하고
눈 속으로 날아든
잡초의 하루,

잠시 눈이 캄캄해졌다

산 나리꽃

나리꽃 산 나리꽃이
마당 한 귀퉁이에 까만 씨알을 달고 섰다
탱글탱글한 씨알이 땅으로 떨어진 날
어김없이 장마가 졌다
하늘은 올려다보기 좋을 만큼 밝았다
몇 날 며칠을
기왓장 골로 빗물이 떨어졌다

그랬었다. 산 중턱에서 씨알 하나를 집어 들었을 때
몇 가닥 하얀 뿌리가 보였었다

그것이 지금
빗방울 하나에 씨알 하나 떨어져 뿌리를 내리고
바람 한 점에 씨알 하나 떨어져 뿌리를 내린다
호랑이 무늬를 가져
호랑이 꽃이라 불리기도 하는 것이
장마가 지고 나면
새까만 새끼들 온 동네 가득하겠다

3부

약물내기

오라비는 죽기 전에 꼭 한 번 약물내기 물을 먹고 싶다고 했다
우리 집 마당만 한 웅덩이에 새 물이 솟아 사시로 물이 차 있는
여름이면 어유, 시원하다 손을 담가 더위를 쫓고
겨울이면 따뜻한 김이 오르는 그 물을 꼭 한 번 먹고 싶다고 했다

그곳은 깊고 깊어서 한 가닥의 햇볕도 들어갈 수 없이 단단해 보였고,

나는 그곳이 참 무서운 것이 사는 줄 알았지만
겨울만 되면 어른들은 미꾸라지 참붕어를 그곳에서 잡았다, 그곳의 뜨뜻한 물을
여럿이서 바가지로 한참을 퍼내면 미꾸라지 참붕어가 그득했다
물 빠진 바닥에서 숨구멍을 찾아 진흙을 파내면
살진 우렁이도 한 바가지나 되었다

그런 날은 집집마다 가마솥에 무를 썰어 넣고 불을 지폈다

아이들은 덩달아서 신이 났고,
흙냄새와 비릿한 냄새는 오래 오래 입안에 남아 있었다

오라비가 꼭 한번 먹고 싶다던 약물내기에 내가 다시 섰을 때
여기는 위험지역이니 접근하지 마시오,
오라비의 시퍼런 가슴에서
하얀 물방울이 꼬르륵 꼬르륵 소리를 내며 올라오고 있었다

꽃을 적시고

직선으로 된 길은 없었다
장례문화원을 돌아 도달한 곳에는
늙은 부부가 들판에 서 있거나
치매를 앓는 어린아이가 있었다
우산 끝에서 흘러내린 물방울이
구부린 등으로 떨어지고 있었다
물방울 속으로 업혀 들어간 늙은 어머니가
창밖을 내다보며
잘 가라고 빗길 조심하라고
핏기없는 손을 흔들고 있었다
며칠째 하늘이 무거웠다
공연히 히죽이죽 웃다가 바닥을 차고 오를 때
흙탕물이 앞 유리에 꽃처럼 피어난다
그러한 때 몸 어딘가에 남아있는 통증
조경의 나무 사이로
바람이 지나가는 소리가 들린다
화사한 아름다움이기를 바랐던
퇴역의 무리가 거기 있었다

무태

볼 것 많고 살 것 많은 그곳엔
늙은 어머니가 마른 마늘을 맨손으로 까놓고
정갈하게 묶은 골파 옆에 울타리콩 고봉으로 담아서 주었어
무엇을 살까 무엇을 팔까 걱정하지 않아도 되었고
어디로 갈까 어디서 왔나 물어보지 않아도 되었어

죽은 어머니가 보고 싶으면 찾아가서 만나보고
떠난 형제 만나고 싶으면 족발집 앞에서 만나자고 했지
천 원짜리 매장에 들러 밥그릇도 사고 식칼도 샀어
왁자하게 싸움 구경도 하다가
음악 소리 쫓아 적선도 폼 나게 했지

그렇게 시장바닥을 돌다가 발바닥에 쥐라도 나면
보리밥도 사서 먹고 찐빵도 사서 먹었어
그렇게 해찰을 하다가
저만큼 남아서 물끄러미 내려다보는 낮의 그림자 반갑게 품에 품고는
시침 뚝, 떼고 돌아오면 되었지

그러면 품고 온 낮의 그림자 영영 떠나지 않고 조금씩 자라나
쉴 새 없이 방이며 주방을 들락거릴 것 같았지

벽화를 그리는 아이들

벽화 속에는
한 번도 가 보지 못한 길이 있었다

도배하는 날
까맣게 손때 묻은 자유가
아늑한 심원 속에 갇혔다
생명체가 다시 살아나듯이
꿈이란 놈이
깔깔깔,
솟아오른다
오라, 요것들 봐라,
무자비하게 좇아가는 억센 손을
용케도 빠져나간
개구쟁이들,
울룩울룩
다시금 날고 싶은 부호들

아무도 그것을 낙서라고 말하지 않았다

설국의 꽃

낮별처럼 반짝이는 것이, 고양이 발자국도 말갛게 지우고

오소소 돋는 소름,

콧날 뾰족한 설인의 외침을 들으며 놀이에 지친 아이의 젖은 신발을 말리며
싸락눈도 조용해진 밤에
雪人의 옷을 걸치고 설국에 간다
늙은 소나무가 가지를 뚝뚝 부러뜨리는 곳
달도 없는 밤에 눈이 내린다

저 반짝이는
무념의 꽃들
수직으로 내려 수평으로 땅에 스미는
꽃,
설국의 꽃들.

오메, 간지러워라

잠시, 우주가 숨을 멈추었던가
가시에 맺혔던 물방울이
또르르 떨어지자
놀란 대지가 거친 내 발바닥을 꽉 움켜잡는다
나는 부끄러움도 모르고
대지에 궁둥이를 붙이고 앉아
구구, 구구~ 구구새 춤을 구경했다

고갯길 비틀어진 나무둥치도
산 중턱을 올라오는 잔가지들도
우주 속으로, 속으로
불쑥 손을 내미는
진화의 몸짓,
가시나무 가지도 순하고 보드랍다

부디 평안의 몸짓이기를,

열꽃

불처럼 타서
타올라서

보십시오.
여기 하느님을 낳으신 어머니가 세 폭 치마를 넓게 벌리고
뜨거운 돌을 딛고 섰나이다

은빛 언어가 산을 이루어 불같이
불같이,
동글한 돌멩이 사이로

앗, 토혈

가을 모기에 부쳐

난폭하게 제 살을 긁을 수 있다는 건
분명 누군가에게 꽂았던 날카로운 비수일 것이다
파르륵 파르륵 허공을 뚫고 다가오는 소리들
내 살갗은 금방 알아듣지 못한다
이 추운 날에
귓전에서 하얀 목덜미에서
약삭빠르게 치고 빠지는 놈 때문에 번번이 수난이다
나인 줄도 모르고
귀싸대기로
눈두덩으로
콧등으로 주먹을 날렸다
그러다 그러다가
그만하자고, 서로 잊자고, 천장으로 몸을 비틀어 꺾었을 때
알았어야 했다
추위에 쫓겨 안으로 들어온 그것들이, 내 피를
원하고 있다는 것을

이러한 때,
그대는 피를 내어줄 수 있겠나

넝쿨에 발이 걸렸다

넝쿨이 낭떠러지나 참나무를 감고 올랐다는 건
뿌리가 통통하게 알이 찼다는 것이다
금방이라도 뽑힐 것 같은 놈을 잡아당겼다
잡아당기는 나와
죽어도 나올 수 없다는 뿌리 사이가 팽팽하게 당겨졌다

허기가 돌았다
입이 까매지도록 씹고 다니던 칡뿌리의 맛
쌉싸름한 맛이 물씬 풍겼다
화르르 피어오르는 공생의
법칙,

넝쿨을 뻗어
높은 가지에 흑갈색의 깃발을 달고
아, 하고 소리치면
저쪽에서 아, 하고 칡꽃이 번쩍 피기도 했다
나는 오래 오래 거기에 있었다

멀미
— 알고 계시겠지만

덥석 올라탔던 것이 문제였다
삼켰던 온갖 것들이 요동치는
보았던 온갖 것들이 뒤틀리는
나, 죽겠네, 나 죽겠네,
소리치고 있던 때,

몸 어딘가는 살아있어
일어서고 일어서다
뒤틀린 창자를 갑판 위에 토해놓았다
그것을 보고 눈을 부라려
젊은 뱃머리가 달려들었다

알고 계시겠지만
몇 순배 술잔이 오고 가고
막춤이 터져 나왔던 때
그것이 참 묘한 것이어서
나는 신음조차 지르지 못하겠네,

봄동 이야기

할아범이 죽던 날에 봄동이 먹고 싶었다

엄동의 추위에
노란 똥구멍을 오므리고 봄의 똥이, 버려진 치레기들이
개구리가 두 다리를 뻗치고 겨울잠에 든 것 같았다

얼음을 지치던 아이들이 꼬챙이로 찔러보고
다리 난간에 붙어있던 고드름이 와르르 떨어져 내려도
꼼짝 않고 겨울 끝에 붙어있던 그것이
밥상 위에 올랐다

살아서 빨갛게 버무려진
오메, 독한 것
이 맛이야

하루 치의 농담

귀도 한 점, 혀도 한 점
뇌관을 감싸던 머리뼈도 한 점
창자는 기본이고
목구멍을 꾹꾹 찌르는 털 가진 껍질까지
—여보, 주인장 여기 구백 냥짜리 눈알은 없소.
주인장에게 농을 걸어보는데
같은 처지에 눈물이 찔끔,

이런, 이런
주책을 봤나
눈물도 부속이라면 부속이니
지글지글 구워나 먹을까

장애근로회식 날

밀고 당기고
쪽문으로 들어오는 그들이 고맙고 미안해서
잘라낸 부속들
말랑하게 구워서 앞에 놓아 준다
—허허, 맛있네. 맛있어
거뭇한 턱수염과 하루의 농이 깊어가는 시간

0의 나라, 그리고 흰빛

작두를 탄 새들도 제집으로 돌아갔고
덫은 더는 덫이 아니다
무심의 골짜기에 핏덩이 모가지도 없다
날개도 없이 나는 이곳이 더 무섭다
덫이라도 있었으면
덫에 치인 발바닥으로
창대 같은 가시라도 밟았으면,

개 짖는 소리도
부리가 힘인 새도 없다
우주를 싸안은
다시 독한 덫에 걸리고 싶은
죽음의 축제,
빨간 발바닥을 눌러 찍었다
옴폭 파인
아기 발가락들,

물속에 긴 다리를 담그고 있는 흰색머리새

물속에서 하늘이
흰색머리새의 긴 다리를 붙들고 놓아주질 않는다
두 발로 힘차게
날아오를 때도 분명 있었을 테지만
하늘에 다리를 붙잡힌 그는
슬픔을 볼록하게 말아 죽지 밑으로 들이밀었다
목으로 넘어가지 않은 그리움이야 그렇다 치더라도
한 획을 쭉 뻗지 못한 제 모습을
다리 사이로 들여다본다는 건
불구의 제 모습을 보는 것만큼 치욕스런 일이다

너는 아직도 외발로 그곳에 서 있다
푸른 날개 밑에
슬픔과
그리움과
치욕을 묻고
검은 날개 끝을 세우려고
하루해를 서 있다

뿌리가 날개인 나무들

저들에겐 뿌리가 날개다
음지라고 옮겨 심은 나무가
기울었다고 옮겨 심은 나무가
앞으로 나왔다고
뒤로 물러나 있다고
옮겨 심은 나무가
음울음울 울기 시작했다

음지에서 빛이 되었을
기울어서 굽을 길이 되었을
반전을 꿈꾸던 저들이 하얗게 새똥을 받고
서서 죽은 후에야
알게 되는
불안정한 착지의 상처,
부끄럽고 미안하다

중독자

우물에 빠진 중독자가 외쳤다
—날 여기서 꺼내주시오
빙하기의 새가
작은 소리로 외쳤다
—당신이 나오면 꺼내주겠소

우물은 더 깊어졌고
물회오리는 우물 속의 생물들을 게워내기 시작했다

체념이 게워낸 그것들은
직선으로 솟구치기도 하였지만
몸이 땅에 닿는 순간
옆으로 퍼져버리는
취기,

물컹하고 역겹고 눈물겨웠다

연체동물

물컹하고 역겹고 눈물겨운 연체동물인 나는
물회오리에 날아오르지 못하고
그의 울음을 들어야 했다

그는 울었다
악취로 몽롱한 상태에서
마구 욕을 하면서 울었다
지금은 없는 성당의 종소리를 기다리며
흐린 우물 속을 들여다보며 울었다
—이제 당신은 어떤 중독을 원하시나요,
중독자여,

눈이 부시게 붉은 하늘에서
그가 게워낸 울음들이 점,점,점 날아가고 있다
아, 새였어.
벌겋게 녹슨 우물 바닥에
몸 붙이고 있는 것이
나는 슬프다 말하지 않으련다

좀체 떨어지지 않을

우물에 빠졌던 중독자가 굴참나무 아래에 앉아 있다
그를 감싸고 있는 얽힌 줄기들이 어찌나 고운지 좀체 떨어지지 않을 파란 하늘, 날아다니는 날다람쥐, 오래 들여다 볼 수 없는 푸른 빛,

나뭇가지 사이로
날개도 없는 내가 날아다니고
있는 힘을 다해
푸른 하늘 떼어내려 했지만
날다람쥐는 그대로다
미처 삼키지 못한
날파리도
파랗게 질린
새도 그대로다

내가 우물에 빠진 굴참나무 아래에 가만히 앉아 귀를 기울이자 보이지도 않는 곳에서
쉭쉭,
배암보다 무서운 바람 소리가 났다

풍

어쩌면 거기에 있을 지도 모를 여자

아직 가보지 않은 마음속에서나
온갖 짐승 우짖는 소리에
진화를 시작한 여자
새의 부리에 찍혀
자꾸 솟구치다,

바람이 빠지고서야
흔들리기 시작한 여자
부러진 것들을 몰아세우고
하루에도 몇 번씩 늑골 사이를 흔들어
사막으로 날아간
너,

바람이었어,

화살나무 가지에 걸린 파랑

언제나
파랑,
검은 비닐 속에서
파랑으로 물든

깃이었던,

애꿎은 어깻죽지만
자꾸 문지르며
그것이 옳은 것 같아
자신을 키워온
파랑,

촉, 촉을 아시는지.
살얼음 속을 헤집고 올라오는
그것,
파랑의 깃이었던,

금지구역

가뭄이 극심하던 어느 여름날
여기가 좋겠어, 라고 말했고
조금만, 조금만 먹을게
벌레들은 마른 땅을 기어서
오랜 시간 왔다고 했다
먼 길을 오느라 지쳐있는 그들은
주림에 대한 타당한 폭력을 내세웠고
매몰차게 그들을 쓸어버린 손에는
푸른 유액이 묻어났다

그때부터 나는 울고 싶었다
그런데도 자꾸 웃음이 났다
아무도 보지 못했지만
꽃은 갑자기 피었다가 졌다

푸른 아이들이 휘파람을 불었고
꼬리부터 주춤주춤 하늘로 날아올랐다
커다란 장독과 꽃밭
늙은 어머니와 코흘리개 친구들이 밀려갔다
세찬 바람이 계속 들어왔고
장난처럼 나의 몸이 부풀어 오른 것도
그때였다

게임의 법칙

처음부터 그랬던 것은 아니다
아무리 빨리 찍어내도 열 손가락을 당해낼 재간이 없다
손가락을 쫙 펴서 자판 위에 올려놓았다
캄캄한 어둠들,
자음을 눌러보고 모음을 외우고
어둠 속을 기어서 도달한 곳이
반 토막 생각이다

제멋대로 움직이는
오타들,

눈을 감고,
진화를 위한 언어를 찍어 날랐다
끝까지 지킬 수 없는 그것들이
푸른 지문을 남기며 파닥였다
잔뜩 힘이 들어간
누름새처럼,
그것이 나의 한계다

송년의 시

한 해가 가고 오는 것은
무엇을 간직하고 무엇을 버렸는지에 대한 그리움이다
우리들이 알지 못하는 생명까지도 우리 곁에서
무엇인가를 그리워하고 있다
사랑하는 이여!
매듭은 따스하게 묶고
그것을 풀 때는
그리운 이름으로 축복의 손을 내밀자

스치듯 지나가는 아름다운 삶을 위해
나는 너를 위해
너는 나를 위해
중요한 한 자리를 내어주는
지나간 시간들의 기쁨이 되자
또다시 그리울
우리들의 모든 스승이었던
내일을 위해,

시론詩論

동물적 이미지에 나타난 알레고리

— 폭력적 존재성과 극복 의지

정가일

동물적 이미지에 나타난 알레고리*
— 폭력적 존재성과 극복 의지

정가일

"알레고리는 형상과 의미의 관계가 자의적이라는 점에서 형상과 의미의 일치를 기반으로 하는 메타포Metaphor와 다르고, 이미지 영역과 사물의 영역이 많은 개별적 특성에 맞아떨어지는 직유Gleichnis와도 다르다. 이처럼 알레고리는 형상과 의미의 관계가 자의적인 관계"[1]로 은유나 상징, 또는 비유보다 더 넓은 의미를 담고 있다. 또한, 알레고리는 이성이나 논리적인 유추와 다르게 자의적인 상상의 영역에 해당한다. 이렇게 보았을 때 우화는 교훈을 가진 상상의 영역에 해당하는 알레고리라 할 수 있다. 알레고리는 우화처럼 이야기 전체 등으로 큰 범위를 지닌 개념이라고 할 수 있기 때문이다. 따라서 '시'에서의 알레고리도 서사적인 성격을 가진다. 그 좋은 예가 박두진의 '水石詩'라 할 수 있다. 박두진은 수석 채집을 시작한 지 2년이 지난 1972년『수석 열전』90편의 발표를 시작으로 83년 110편의『수석 열전』을 발표하기까지 총 310편의 수석에 대한 시를 썼다.

"박두진은 알레고리적 상상력을 발휘하여 수석이 계시하는 진리를 시화하였다. 이러한 알레고리적 접근법은 초기 '시'에

1) 김누리,『알레고리와 역사-귄터 그라스의 문학과 사상』, 민음사, 2003, 58쪽.

서부터 중요한 창작 원리로 기능해 왔는데 알레고리적 사유의 특성상 알레고리 '시'에서는 시적 대상이 약자와 강자, 선과 악이라는 이분 구도로 표상된다."[2)]

이와 마찬가지로 필자의 동물적 알레고리 '시'에도 박두진의 '水石 詩'와 마찬가지로 알레고리적 상상력을 통해서 새와 애벌레, 나비가 계시하는 진리를 시화하고 있다. 따라서 필자의 '시'에도 알레고리의 특성인 약자와 강자가 끔찍하리만치 직접적이고 사실적으로 이미지화되어 있음을 볼 수 있다. 이러한 알레고리는 '새와 덫', '새와 바퀴', '이빨과 풀', '굼벵이와 푸른 하늘', '수리부엉이와 닭', 등의 사유의 매개체가 동물적 특성에 따라 또는, 상상력에 따라 알레고리로 되어 있으며, 약자와 강자의 이분 구도로 되어 있다. 그리하여 필자의 동물적 알레고리 '시'는 본질적, 종교적 대립항을 가지는 알레고리적 비유의 채택이 만들어낸 결과물이라고 볼 수 있다.

1. 감금된 '새'의 이미지 - 덫과 부리의 파괴적 속성

"원래 알레고리는 개념을 달리 표현하는 일과는 반대로 중심에 형상이 빠지는 법이 없으며, 이 형상을 중심으로 엠블럼들이 무성하게 포진해 있다. 엠블럼들은 자의적으로 배치된 듯이 보인다. 여기에서 사물들은 그것들의 의미에 따라 모이며 그 사물들의 존재에 대한 무관심이 그것들을 다시 흐트러뜨린다."[3)] 필자의 알레고리 '시'에도 무관심에서 오는 속죄(덫)나 폭력적인 엠블럼들이 곳곳에 깔려 있다. 그러한 것들은 오리

2) 김성숙, 『박두진의 수석 시론水石 詩論의 알레고리적 상상력 분석』, 『현대문학의 연구』 제45권, 한국문학연구회, 2011, 415쪽.
3) 발터 벤야민, 최성만 · 김유동 옮김, 『독일 비애극의 원천』, 한길사, 2009, 280쪽.

게네스가 알레고리에 대하여 말하고 있듯이 "은유, 비유 등을 문자적으로만 해석하는 것을 피해야 할 것이다."[4] 알레고리란 문자적 해석보다는 추상적인 내용을 구체적인 대상을 이용하여 표현하는 비유법이기 때문이다.

나뭇가지 사이로 새 한 마리 날아간다
언젠가 쥐덫 위에서 하늘로 간 새다
미처 삼키지 못한 날파리를 입에 물고서
하늘로 간 새는
아직도 하늘에 걸려있다
하늘은 쥐덫이다
파랗게 질린 새가
날개를 힘껏 펴고 있는
하늘,

그곳에서 새는 시리도록 맑은 동족의 눈알을, 귀를, 발가락을 조금 파먹고 자신의 영혼을 조금 파먹히면서

저기 저…!

무섭도록 깊은 우물 속에
걸려있다

4) 오리게네스는 매우 독창적인 신학 체계를 세운 것으로 알려져 있으며, 그렇기 때문에 이단과의 논쟁뿐만 아니라 교회와도 적지 않은 마찰을 일으킨 것으로 알려져 있다. 그의 성경 해석 방법에는 신플라톤주의를 통한 필론의 알레고리 방법이 많이 사용되었다. 또한, 그는『켈수스를 논박함』이라는 저서에서 우리가 분명히 인식해야 될 사실은 우리 그리스도교에서 복음을 전하는 사람들은 모든 계층 사람들이 이해할 수 있고, 그들의 귀를 사로잡을 수 있는 언어를 생각해야 한다(오리게네스, 임걸 옮김,『켈수스를 논박함』, 새물결, 2005. 100쪽).

—「새로 쓰는 새 이야기」 전문

사르트르는 일기 형식인 『구토』에서 '주위의 온갖 것들에게서 구토를 느낀다.'고 작중 인물을 통해서 말하고 있다. 이처럼 구토는 사물과 타인의 존재를 인식하는 데서부터 시작되고 있다. 이와 마찬가지로 필자의 '시'에서는 주위의 온갖 동물적 이미지에서 '공포'를 느낀다. 시편「恐塞」에서 '익명의 바퀴에 치인 새'를 보며 공포를 느끼고,「부리」에서 '동족의 눈알을 파먹는 비둘기'를 보며 공포를 느낀다. 또한,「현기증」에서는 '수직으로 떨어지는 꽃새',「무심의 발원지」에서는 '핏덩이와 뒤엉켜 있는 깃털들',「이빨의 독성」에서는 '노란 독을 품고 서 있는 풀'을 보면서 공포를 느낀다. 이러한 공포는 사르트르의 '구토'에서와 마찬가지로 사물과 타인의 존재를 인식하는 데서부터 느끼게 된다.「새로 쓰는 새 이야기」에서 나뭇가지 사이로 날아가던 '새'가 '시리도록 맑은 동족의 눈알을, 귀를, 발가락을 조금 파먹고 자신의 영혼을 조금 파 먹히면서' 사물과 타인의 존재를 인식하게 되며, 사르트르의 『구토』에서 주인공 로캉탱이 사물과 타인을 인식하는 순간 '구토'를 느끼는 것과 마찬가지로 필자의 '시'에 형상화되어 있는 '새' 역시 타인을 인식하는 순간 '공포'를 느끼고 또한, 공포의 대상이 된다. 이처럼 '새'의 이미지를 통해서 인간의 폭력적인 속성과 나약함을 함께 보여주고 있다. 박두진이 '수석 시'에서 "알레고리적 상상력을 발휘하여 수석이 계시하는 진리를 시화하"[5]였듯이 필자도 '새'가 계시하는 알레고리적 상상력을 통하여 인간 실존을 밝히려고 한다. '쥐덫'에서 하늘로 간 새가 아직도 나뭇가지 사이

5) 김성숙, 앞의 책, 415쪽.

로 날아다니고, 그곳에서 동족의 눈알을, 귀를, 발가락을 조금 파먹고, 그 대가로 자신의 영혼을 조금 파 먹히면서 무섭도록 깊은 우물 속에 걸려있다. 이처럼 「새로 쓰는 새 이야기」에는 덫이라는 힘의 상징적 이미지와 힘의 상징인 덫에 걸린 파괴적이고 폭력적인, 그러나 공포를 느끼는 '새'가 알레고리로 표현되어 있는 것이다.

부리가 힘인 새는
부리로 집을 짓고 사랑을 위해 부리로 구멍을 판다
부리로 판 구멍 속에서
새끼들은 싸움하는 법을 배우고
배설의 장소와 먹이의 방법을
부리를 통해서 배운다
그들의 부리는 단단하다
높은 절벽을 밤처럼 찍으며 오르다가
어느 순간에
아래로 부리를 겨누는 것도 그들이다

아침이면 어김없이
부리들이 먹이를 찾아 나선다
소란함을 동반한 벽들이
내게로 몰려오면
부리가 없는 나는 무엇이 되는 걸까
비둘기가 동족의 눈을
부리로 파먹는 영상을 본 적이 있다
그들의 눈에는

내가 어떤 모습으로 비칠까
—「부리」 전문

위에 제시한 「부리」도 마찬가지다. 부리가 힘인 '새'는 부리로 집을 짓고, 사랑을 위해 부리로 구멍을 파고, 부리로 판 구멍 속에서 새끼들은 싸움하는 법을 부리를 통해서 배운다. 이것이 '부리가 힘인 새'가 사는 방법이다. 그러나 「새로 쓰는 새 이야기」에서와 마찬가지로 단단한 부리를 가진 '새'도 어느 순간 아래로 부리를 겨눌 수밖에 없는 두려움을 느낀다. 이처럼 '새'가 계시하는 폭력성과 어느 순간 아래로 부리를 겨눌 수밖에 없는 공포를 알레고리적 상상력을 통하여 느끼게 된다.

위에서도 밝혔듯이 알레고리는 자의적인 상상에 호소한다. "메타포나 상징, 직유와 같은 전의적 개념과는 다르게 알레고리는 이야기 전체 등으로 큰 범위의 자의적인 개념"[6]이기 때문이다. 그러므로 라퐁텐의 『우화집』도 "유익하고 섬세한 성찰이 곳곳에서 발견"[7]되는 알레고리로 볼 수 있는 것이다.

물속에서 하늘이
흰색머리새의 긴 다리를 붙들고 놓아주질 않는다
두 발로 힘차게
날아오를 때도 분명 있었을 테지만
하늘에 다리를 붙잡힌 그는
슬픔을 볼록하게 말아 죽지 밑으로 들이밀었다

6) 김누리, 앞의 책, 19쪽.
7) '라퐁텐의 우화'에서 사랑과 복수, 우정과 배신, 지혜와 어리석음을 노래하는 올림프스의 신들과 인간들의 이야기가 어우러져 300년이 지난 오늘날까지 귀중한 조언이고 처세이며, 우아함과 감수성, 운율과 조화를 느낄 수 있다. 무엇보다 그의 우화들에서는 유익하고 유쾌하게 만들어주는 섬세한 성찰이 곳곳에서 발견된다(라퐁텐, 박명숙 옮김, 『라퐁텐의 그림우화』, 시공사, 2004, 11쪽).

목으로 넘어가지 않은 그리움이야 그렇다 치더라도
한 획을 쭉 뻗지 못한 제 모습을
다리 사이로 들여다본다는 건
불구의 제 모습을 보는 것만큼 치욕스런 일이다

너는 아직도 외발로 그곳에 서 있다
푸른 날개 밑에
슬픔과
그리움과
치욕을 묻고
검은 날개 끝을 세우려고
하루해를 서 있다
—「물속에 긴 다리를 담그고 있는 흰색머리새」 전문

다른 작품들도 대부분 그렇지만, 「물속에 긴 다리를 담그고 있는 흰색머리새」는 우화처럼 이야기 전체가 알레고리로 되어 있는 작품이라 할 수 있다. 우화가 하나의 명확한 교훈을 가진 알레고리라 한다면, 위에 제시한 '시'에서의 교훈은 시련을 극복하려는 인내와 끈기를 요구한다. 이처럼 우화적인 '시'는 풍자와 교훈의 뜻을 포함하고 있는 알레고리라 할 수 있다.

누가 문을 두드리기에 나가 보았더니 아직은 살아 퍼덕이는 새 한 마리, 주둥이에 빨건 피를 가득 물고서,
아,
단초의 두려움,
자줏빛 르네브 사이로 검은 구름이 쏟아져 내린다

커피 물이 목구멍으로 넘어갈 적마다 담장 너머에서 들려오는 어린 것들의 구구단 외우는 소리, 빛나는 것들은 모두가 슬픈 눈을 가지고 있다

저것들이 저렇게 무어라고 지껄이며 담장 위에 줄지어 있는데 그들의 말을 알아듣지 못하는 것은 어둠 속의 나,

늙은 어머니는 더 이상 온전한 정신을 붙들지 못한다 부러진 대퇴골 갈아치우듯이 정신을 갈아치우고 어디 허허로운 욕망의 들판을 내달리고 있을까

오, 슬프다고 말하지 말기를,

누가 문을 두드리기에 나가 보았더니 아직은 살아 퍼덕이는 새 한 마리,

—「누가 문을 두드리기에」 전문

벤야민의 알레고리 개념은 "표현된 것과 표현되지 않은 것이 공존하는 대립적 상태로 표현된 것이 표현되지 않은 것의 표현이 되는 계시의 순간을 언어 속에서 준비한다. 이처럼 언어적 형상 속에서 나타나는 대립은 서로에 대해 전적으로 배타적이지 않고 하나가 다른 하나 속에 자신의 단초를 마련하고 있다는 점에서 변증법이다. 이처럼 알레고리적 문자는 현존재의 절망적이고 파편화된 상태를 그대로 반영하는 한편, 완전히 소멸되지 않은 버림받은 존재의 흔적을 간직하고 재구성하면서 구원의 가능성을 제시해 준다."[8)]

8) 임석원, 『발터 벤야민의 알레고리 개념 연구 - '독일 비극의 원천'을 중심으로』, 서울대학교 대학원 석사논문, 2003, 53쪽.

위에 제시한「누가 문을 두드리기에」를 보면, 지금까지 살펴본 알레고리와 약간의 차이를 보이고 있음을 알 수 있다. 알레고리가 구체적인 어떤 대상을 이용하여 이야기 전체를 하나의 총체적인 은유로 표현하고 있는 것이라면, 위에 제시한 '시'는 주체가 작가 자신이다. 이처럼 위에 제시한「누가 문을 두드리기에」는 작가 자신이 은유의 주체로서의 대상, 즉 구체적인 대상으로 알레고리화되어 있음을 알 수 있다.

2. 애벌레(굼벵이) 이미지- 추의 미의식과 상승 욕망

실존주의 문학에서 인식 자체의 불완전성인 '추'를 피해갈 수는 없을 것이다. 그것은 "미의 개념에서 추는 분리될 수 없기 때문이다. 왜냐하면, 미는 그 자신이 전개될 때 종종 약간의 過多나 過小로 인해 빠져들 수 있는 혼란으로서의 추를 항상 가지고 있기 때문이다."[9] 이처럼 로젠크란츠는 미학에서 배제되었던 '추'를 미학의 필수불가결한 일부로 포함시켰다. 여기에서 "단순한 미는 '추' 전반에 대하여 부정적으로 관계한다. 왜냐하면, 미는 추하지 않은 한에서만 미이며, 추는 그것이 미가 아닌 것에서만 추이기 때문이다. 그렇다고 미가 미로 되기 위해서 추를 필요로 한다는 것은 아니다. 미는 그런 포장 없이도 미이지만, 추는 자신으로 인해 자초한, 자신의 본질로 인해서 내재하는 모순이다. 이처럼 미는 스스로의 힘에 의해 결정하지만, 추가 존재하고 있음은 오직 '미'와의 자기연관성을 토대로 해서만 가능하다. 그것은 추가 자신의 척도를 '미'에서 가져

9) 19세기 독일의 낭만적 성향의 철학자이며, 그때까지 배제되었던 醜에 주목하여 美의 상대적 개념인 추를 미학의 필수불가결한 일부로 포함시킴으로써 미학의 완성을 지향했다(카를 로젠크란츠, 조경식 옮김,『추의 미학』, 나남, 2008, 22쪽).

오기 때문이다."[10] 옴베르토 에코 역시 "추의 역사에서 피해갈 수 없는 것이 우리가 〈상황적〉이라고 부를 수 있는 추의 형식이다."[11]라고 말하고 있다. "이런 상황을 상상해 보자. 우리는 탁자 위에 아늑한 램프가 켜진 익숙한 방 안에 있다. 그런데 갑자기 램프가 공중으로 떠오른다. 램프와 탁자, 방은 전과 똑같고, 그 중 어느 것도 추해지지는 않았지만, 상황은 불안하게 느껴진다. 그 상황을 설명할 수 없는 까닭에 우리는 좌절감을 느끼고, 정신적 기질에 따라서는 공포에 질리기도 한다."[12] 이처럼 어떤 사건 속에서 우리는 이치대로 돌아가지 않는 어떤 것에 겁을 먹거나 공포에 질린다는 것이다. '상황적 醜'의 형식이라고 볼 수 있는 시집으로 보들레르의『악의 꽃』을 들 수 있을 것이다. "그토록 따스한 이 아름다운 아침에/ 우리가 본 물건이 생각나는가, 귀여운 그대여,/ 오솔길 구비 조약돌 섞인/ 강벌 위에 더러운 짐승 시체가// 음탕한 계집처럼 공중에/ 가랑이를 벌리고, 지글지글 타며 독액 흘리며,/ 데면데면하고 뻔뻔스럽게/ 발산물로 꽉 찬 배때기 열어제치고 있었지,/ -중략- / 하지만 그대 역시 언젠가/ 이 오물 같으리, 이 끔찍스런 부패물 같으리?"[13](「썩은 짐승 시체」 부분)을 보면 어느 아름다운 아침에 일어나는 상황이라고 볼 수 있는 추(썩은 짐승 시체)를 시화하고 있다. 필자의 시에도 '상황적 추'라 할 수 있는 작품이 있다.

10) 카를 로젠크란츠, 조경석 옮김, 앞의 책, 24쪽.
11) 움베르코 에코, 오음숙 옮김,『추의 역사』, 2008, 311쪽.
12) 움베르코 에코, 앞의 책, 311쪽.
13) 보들레르는 파리에서 태어났으며, 1845년 파리 현대 미술전에 대한 평론「살롱 평」으로 주목을 받았다. 1850년경에 거의 탈고 되었으리라고 추측되는 시집『악의 꽃』(1857)은 출판과 함께 검열에 걸려 벌금형과 일부 삭제를 언도 받았다. 그러나 '새로운 전율을 창조했다'고 절찬한 위고를 비롯해 여러 작가들로부터 점차 시적 재능을 인정받았다(보들레르, 김봉구 옮김,『악의 꽃』, 1994. 46쪽).

굼벵이가 썩은 굴참나무에 들었다

그것이 여름 한 철을 위한 것이라고는 하지만 굼벵이는 느리고 징그럽다
마디가 굵고 물컹거리고 썩은 굴참나무 속에서 몸을 움직일 적마다 굴참나무 부스러기가 마른 땅으로 떨어져 쌓인다
물컹거림으로 굴참나무를 부수어 작은 동산을 만들 때까지 그 길을 따라 기어오를 때까지 날개가 돋을 때까지 역설을 동반한 푸른 하늘,

구부러진 것들이, 굴참나무 썩은 부스러기들이 서러웠을까

오랜 꿈틀, 망설이다가 어느새 푸르르 날아올라 굴참나무 숲으로 날아간다
저기서는 또 얼마나 많은 굼벵이들이 생굴참나무에 들어 까마득한 날개를 비벼댈까

—「오랜 꿈틀, 망설이다가」 전문

위에 제시한「오랜 꿈틀 망설이다가」는 어느 '여름 한 철'이라는 상황을 시화하고 있다. 물컹거리고, 마디가 굵고, 느리고, 징그러운 '추'의 이미지를 보이고 있는 굼벵이가 썩은 굴참나무 속에서 몸을 움직일 적마다 썩은 굴참나무 부스러기가 땅으로 떨어져 쌓이는 상황, 즉, '상황적 추'를 알레고리로 표현하고 있다. 이처럼 필자의 시에는 인격화한 동식물이나 기타 사물을 주인공으로 등장시켜 그들의 모습이나 행동을 통해서 풍자와 교훈의 뜻을 나타내는 알레고리가 많다. '물컹거림으

로 굴참나무를 부수어 작은 동산을 만들 때까지, 그 길을 따라 기어오를 때까지, 날개가 돋을 때까지' 굼벵이의 '추'는 추로써 생굴참나무에 들어 까마득한 날개를 비벼대지만, 그것조차도 굼벵이(醜)일 뿐인 알레고리다.

우물에 빠진 중독자가 외쳤다
—날 여기서 꺼내주시오
빙하기의 새가
작은 소리로 외쳤다
—당신이 나오면 꺼내주겠소

우물은 더 깊어졌고
물회오리는 우물 속의 생물들을 게워내기 시작했다

체념이 게워낸 그것들은
직선으로 솟구치기도 하였지만
몸이 땅에 닿는 순간
옆으로 퍼져버리는
취기,

물컹하고 역겹고 눈물겨웠다
—「중독자」 전문

「오랜 꿈틀, 망설이다가」와 마찬가지로 「중독자」도 '추'를 시화한 작품이다. 체념이 게워낸 그것들은 가끔 위로 솟구치기도 하겠지만, 몸이 땅에 닿는 순간 옆으로 퍼져버리는 취기일

뿐이다. 그것은 위에서 논의했던 「오랜 꿈틀, 망설이다가」에서의 굼벵이처럼 역시 물컹하고 역겹다. 필자의 '시'에서의 추는 이렇게 물컹거리고 역겹다. 그러나 물컹하고 역겨운 '추'에는 눈물겹다가 포함되어 있음을 볼 수 있다.

로젠크란츠가 미학에서 美의 상대적 개념인 醜를 미학의 필수불가결한 일부로 포함시킴으로써 미학의 완성을 지향했듯이 동양의 철학자 순자는 인간 性惡의 관념을 선천적인 본성에 지배되지 않고 후천적인 인위에 있다고 보았다. "인간은 나면서부터 이익을 추구하게 마련이다. 그러므로 그대로 내버려두면 서로 싸우고 빼앗고 하여 양보란 있을 수 없다. 또 나면서부터 남을 미워하고 시기하게 마련이므로 그대로 내버려두면 남을 해치고 상하게 할 줄만 알뿐 신의나 성실성은 없을 것이다."[14] 철학자 순자의 말이다. 또한, "귀로 아름다운 소리를 듣고 눈으로 아름다운 것을 보려는 감각적 욕망이 있는 인간을 타고난 성질이나 감정에 맡겨버린다면 반드시 서로 싸우고 빼앗아 사회의 질서를 파괴하고, 세상을 혼란에 빠지게 할 것"[15]으로 보았다. 그것은 로젠크란츠의 "인간은 자신에게 주어진 자연의 미를 내면에서 악을 통해 훼손하고 왜곡할 수 있다"[16]와 같은 뜻으로 해석할 수 있다. 그러므로 "악과 악에 의해서 인간의 외양에 나타나는 추의 원인은 인간의 자유이지 결코 그의 바깥에서 존재하는 초월적 존재가 아니다."[17] 다음에 제시하는 「사랑이라 말하기에는」 '시'는 인간의 악성(애벌레)을 형상화한 작품이다.

14) 순자, 崔大林 譯解, 『荀子』, 홍신문화사, 1991, 322쪽
15) 순자, 앞의 책, 322쪽.
16) 카를 로젠크란츠, 앞의 책, 49쪽.
17) 카를 로젠크란츠, 앞의 책, 49쪽.

태풍이 몰려올 것이라는 소식에도 애벌레는
사과나무 잎을 갉아 먹는다
무서운 속도로 갉아 먹는다

잎 하나 사라질 적마다
완벽한 공양이다
마지막 남은 잎 사라지자 나를 향해 내리치는
죽비소리,

깜짝 놀라 하늘을 보니
우두둑 비,
저걸 어쩌나

—보셔요. 애기 사과나무에 애벌레가 있어요. 모두가 외면하는 징그러운 애벌레가 있어요. 날마다 아파하는 애기 사과나무 품에서 애벌레는 나비가 될 꿈을 꾸어요.

떼어내 주랴?
묻는,
어느 방랑자의 손을 밀쳐내고
하늘을 향해 꼿꼿하게 몸을 세우고 있는 애벌레의 꿈이
떨어질까 봐
떨어질까 봐,
자꾸 몸을 구부리는
애기 사과나무,

—「사랑이라 말하기에는」 전문

위에서도 밝혔듯이 벤야민에 있어서 알레고리는 "현존재의 절망적이고 파편화된 상태를 반영하는 한편, 버림받은 존재의 흔적을 간직하고 재구성하면서 구원의 가능성을 제시해 준다."[18] 이처럼 "알레고리의 의도는 진리를 향한 의도와 상충하며, 사물들은 자신의 단순한 본질에 따라 사색에서 벗어나 알레고리적 지시들로서 그 사색 앞에 놓이게 된다."[19] 위의 '시'에서 무섭게 사과나무 잎을 갉아 먹는 애벌레와 마지막 남은 잎까지 애벌레에게 갉아 먹히는 애기 사과나무가 벤야민이 말하는 화해할 수 없는 관계의 것들이다. 그러나 이것들은 서로 반립 관계에 있지만, '하늘을 향해 꼿꼿하게 몸을 세우고 있는 애벌레의 꿈이/ 떨어질까 봐/ 떨어질까 봐,/ 자꾸 몸을 구부리는/ 애기 사과나무,'를 통해서 단순한 본질에 따른 사색에서 벗어나 알레고리적 사색 앞에 놓이게 되며, 그것은 美(애기 사과나무)의 상대 개념인 醜(애벌레)를 피해갈 수 없는 필수불가결한 일부로 받아들여 "추의 상대성과 무가치함을 인식함으로써"[20] 추에게서 혐오스러움을 제거할 수 있게 한다.

3. 꿈꾸는 존재성

인간은 누구나 권력이나 힘을 추구하게 된다. 난 멜링거는 그의 저서 『욕망의 근원과 변화; 고기』에서 육식을 권력이나 힘의 상징으로 해석하고 있는데, "고기와 힘의 상징적 의의는 역사를 통해서 변화되지 않았다"[21]는 것을 일관되게 다루고 있

18) 임석원, 앞의 책, 53쪽.
19) 발터 벤야민, 앞의 책, 344쪽.
20) 카를 로젠크란츠, 앞의 책, 26쪽.
21) 문학과 철학을 전공했으며, 자유 기고가로 베를린에서 살고 있다. 육식과 인간의 관계에 대한 연구를 한 난 멜링거는 『욕망의 근원과 변화; 고기』에서 '고기'가 산업사회 이후 어떻게 일반 대중의 상품이 되었는지, 그 욕망의 근원과 변화를 보여주

다. 필자의 작품에도 육식을 권력 혹은 힘의 추구에 대한 상징으로 표현한 '시'가 있다.

> 소인국의 왕이 된 아버지는 눈썹과 이마 사이로 들어갔다. 그때 약간의 불빛은 순간의 어둠이었고,
>
> 그것은 덫이었다. 오도독 오도독 씹어 먹는 덫에 걸린 새의 하얀 다리였고, 돌같이 딱딱한 머리였다. 소인국의 왕은 매일 덫을 켜 들고 눈썹과 이마 사이로 들어갔다.
>
> 까맣게 그을린 아버지의 눈썹과 이마 사이에서 밤마다 덫이 만들어졌다. 소인국의 의식은 덫으로만 행해졌다.
>
> 하얀 다리에 대하여
> 딱딱한 머리에 대하여
>
> 소인국의 아이들은 흩어진 날개를 모았다. 눈썹과 이마 사이에 또 다른 덫이 놓이기 시작했다.
>
> —「눈썹과 이마 사이」 전문

위에 제시한 「눈썹과 이마 사이」를 보면 권력 혹은 힘의 추구에 대한 상징으로 해석할 수 있는 '고기'의 이미지를 찾을 수 있다. 소인국의 왕이 된 아버지는 눈썹과 이마 사이로 들어가 덫에 걸린 새의 하얀 다리와 돌같이 딱딱한 새의 머리를 씹어 먹는다. 그것이 덫이라는 권력, 혹은 힘의 상징으로 나타난다. 이곳에서는 권력과 힘이 있을 뿐 영원으로 구원하고자 하는 상

고 있다(난 멜링거, 임진숙 옮김, 『욕망의 근원과 변화; 고기』, 해바라기, 2002, 9쪽).

승 욕망(꿈)이 없어 보인다. 그것은 모든 의식이 덫으로만 이루어지기 때문이다. 덫에 걸린 새의 하얀 다리와 돌같이 딱딱한 머리를 씹으며 소인국의 왕은 매일 덫을 켜 들고 눈썹과 이마 사이로 들어간다. 까맣게 그을린 아버지의 눈썹과 이마 사이에서 밤마다 덫이 만들어지고, 소인국의 의식은 덫으로만 이루어진다. 그러나 '하얀 다리에 대하여/ 딱딱한 머리에 대하여' 생각하지 않을 수 없다. 소인국의 아이들은 하얀 다리와 딱딱한 머리를 위하여 흩어져 있는 날개를 모은다. 이것이 또 다른 덫이 놓일지라도 흩어진 날개를 모을 수밖에 없는 대상인 소인국의 아이들이 가지고 있는 알레고리다.

새도 아니고
독수리는 더욱 아닌
나비가 되고 싶다고 했다
풀꽃도 피지 않은 산기슭에
무늬도 없는 나비 한 마리 날아다닌다
몰라? 나 몰라?
달의 주름!

들판을,
강을,
바다를,

깜깜한 고치로 몸 구부리고 있던 날개가
뱀 허물처럼 벗겨져 나온다
잠시 가벼워지는

물컹한 우주
알아? 나 알아?
잔뜩 찡그린 애벌레 하나가
자신의 날개를 펼쳐든다
—「애벌레 날아다니다」 전문

새도 아니고 독수리는 더욱 아닌 나비가 되고 싶은 애벌레가 있다. 깜깜한 고치로 몸 구부리고 있던 날개가 뱀 허물처럼 벗겨져 나온 애벌레다. '시' 「눈썹과 이마 사이」에서 하얀 다리에 대하여 딱딱한 머리에 대하여 흩어졌던 날개를 모으는 아이들처럼 '새'도 '독수리'도 아닌 나비가 되고 싶은 존재가 권력과 힘의 측면에서가 아니라 영원으로 구원하고자 하는 상승 욕망(꿈)으로 나타난다. 위에서 살펴봤던 '물컹거림으로 굴참나무를 부수어 작은 동산을 만들 때까지 그 길을 따라 기어오를 때까지 날개가 돋을 때까지 역설을 동반한 푸른 하늘, // 구부러진 것들이, 굴참나무 썩은 부스러기들이 서러웠을까// 오랜 꿈틀, 망설이다가 어느새 푸르르 날아올라 굴참나무 숲으로 날아간다/ 저기서는 또 얼마나 많은 굼벵이들이 생굴참나무에 들어 까마득한 날개를 비벼댈까'(「오랜 꿈틀, 망설이다가」 부분)에서처럼 '어느새 푸르르 날아올라 굴참나무 숲으로 날아가'는 상승 욕망이 형상화되어 있다.

이처럼 필자의 작품에서 상승 욕망은 권력과 힘의 측면에서가 아니라 영원으로 구원하고자 하는 욕망(꿈)으로 해석할 수 있다.

* 시집 원문 제1부와 제2부는 필자의 경희사이버대학교 문화창조대학원 석사논문 『실존의식과 알레고리적 상상력』에서 발췌하여 수록한 것이며, 해설은 동일한 논문 '동물적 이미지에 나타난 알레고리' 부분을 발췌하여 수록한 것임을 밝혀둡니다.

정가일

정가일 시인은 충북 청원에서 태어났고, 경희사이버대학교 문화창조대학원을 졸업했으며, 2002년『평화신문』신춘문예에「하늘문」이 당선되어 작품활동을 시작했다. 시집으로는『얼룩나비 술에 취하다』와『배꼽 빠지는 놀이』가 있으며, 제2회 올해의 여성문학상을 수상했고, 논문으로는『실존의식과 알레고리적 상상력』(경희사이버대학교 문화창조대학원 석사학위 논문)이 있다. 현재 한국작가회의회원, 경희사이버문인회원, 충북여성문인협회회원, 시천 동인으로 활동하고 있다.
정가일 시인은 현실의 모순을 알레고리적 상상력을 통해서 암시적이면서도 깊이 있는 은유와 풍자로 드러내고 있다. 이처럼 은유와 풍자에 뛰어난 상징주의 시를 쓰는 정가일 시인은 동물적 이미지들을 통해서 또는 식물적 이미지들을 통해서 폭력을 행사하는 자와 폭력을 당하는 자의 사회적 관계와 심리구조를 드러내게 된다. 정가일의 시에서 이들의 관계는 폭력을 행사하는 자와 폭력을 당하는 자가 다르지 않게 나타난다. 그것은 폭력을 당하는 자가 또한 폭력을 행사하는 자이기 때문이다. 요컨대 정가일 시인의 시세계는 폭력과 공포의 대상에서 인간 실존을 찾고자 하는 시의 세계라고 할 수 있다.

이메일주소 : ipsakui@hanmail.net

정가일 시집
사랑이라 말하기에는

발　　행　2014년 2월 5일
지 은 이　정가일
펴 낸 이　반송림
편집디자인　김지호
펴 낸 곳　도서출판 지혜
　　　　　계간 시전문지 애지
기획위원　반경환 이형권 황정산
주　　소　300-812 대전광역시 동구 선화로 203-1 2층 도서출판 지혜(삼성동)

전　　화　042-625-1140
팩　　스　042-627-1140

전자우편　ejisarang@hanmail.net
애지카페　cafe.daum.net/ejiliterature

ISBN : 978-89-97386-85-7 03810
값 9,000원